✦ <u>Tracing</u> :

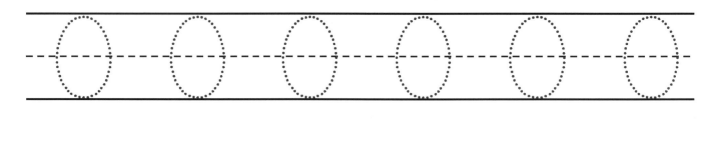

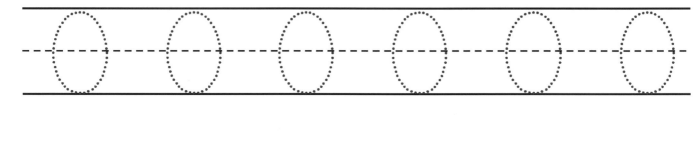

+ <u>Tracing</u> :

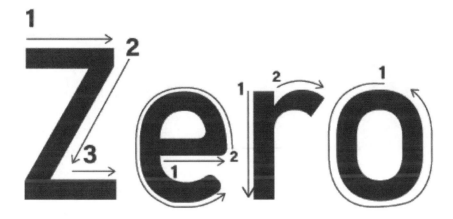

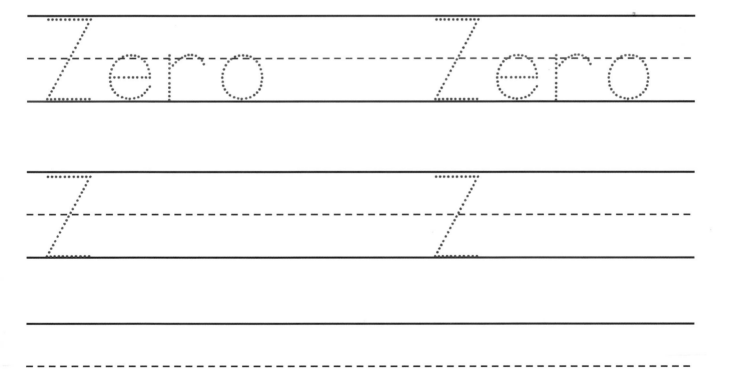

1

✦ <u>Tracing :</u>

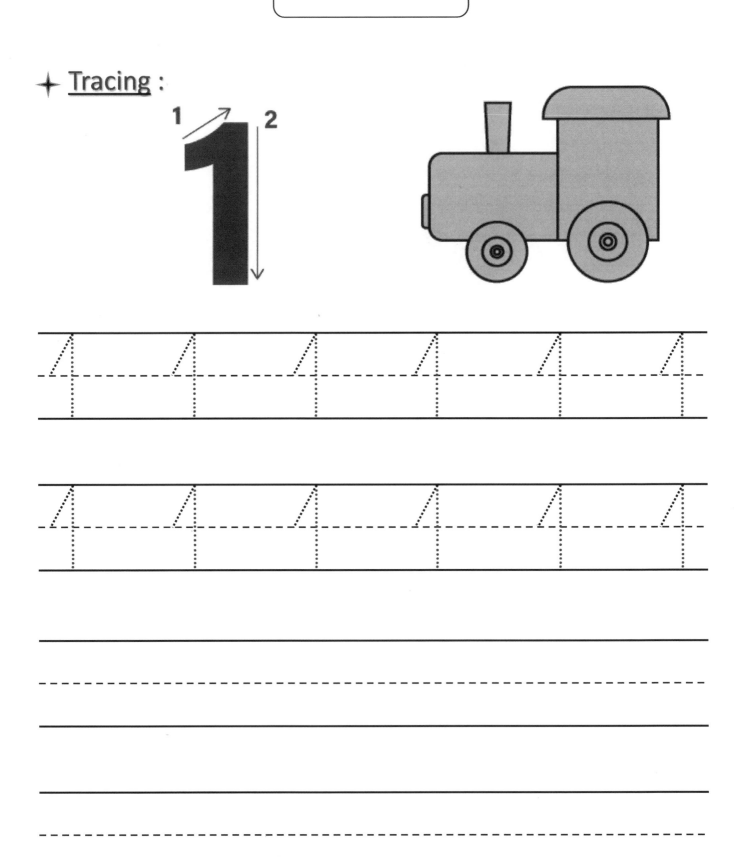

One

✦ <u>Tracing :</u>

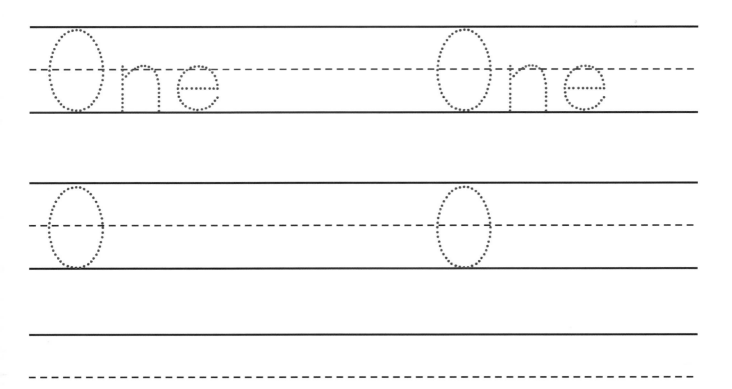

+ <u>Tracing</u> :

 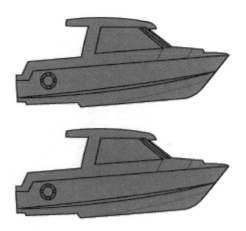

Two

✦ Tracing :

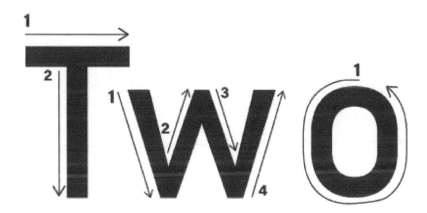

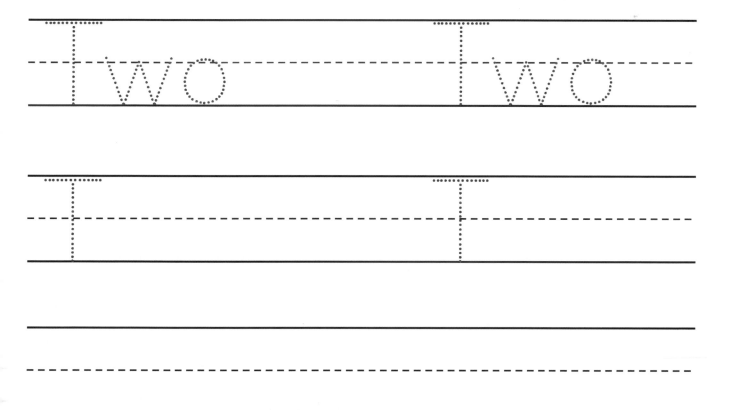

✦ <u>Tracing</u> :

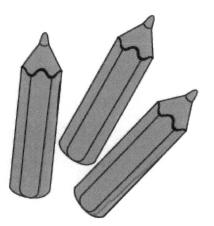

3 3 3 3 3 3

3 3 3 3 3 3

Three

✦ <u>Tracing</u> :

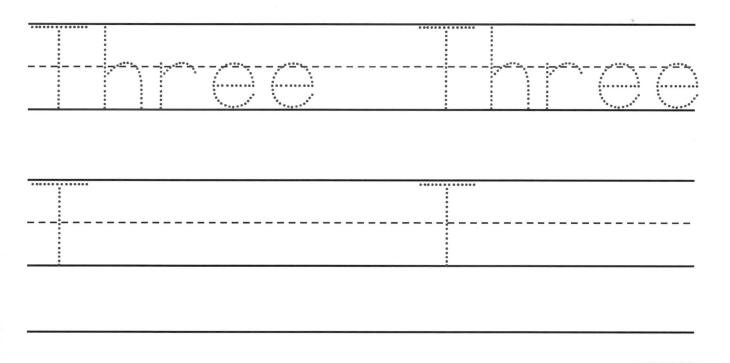

✦ <u>Tracing</u> :

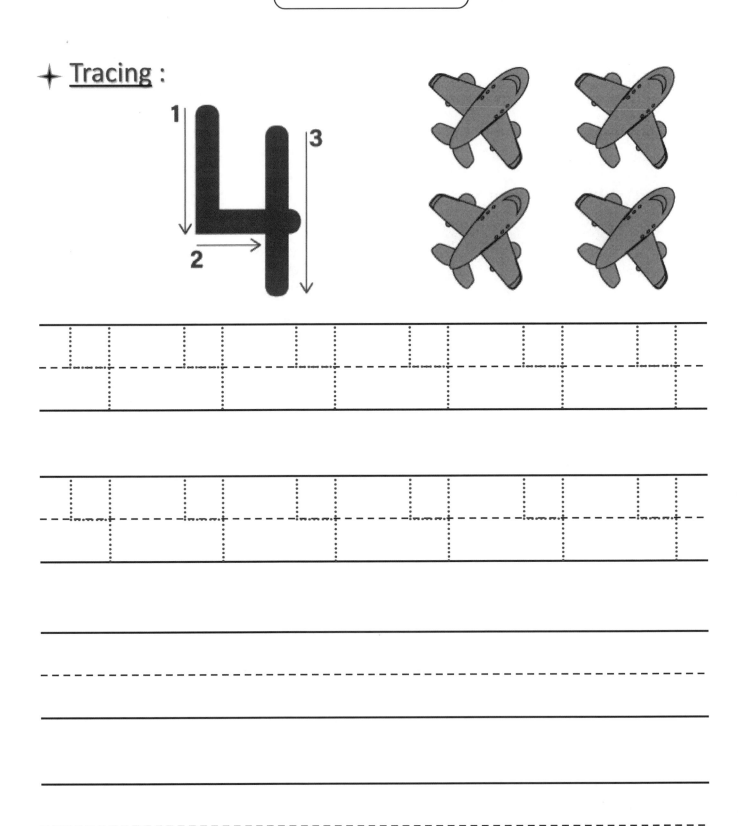

Four

✦ <u>Tracing</u> :

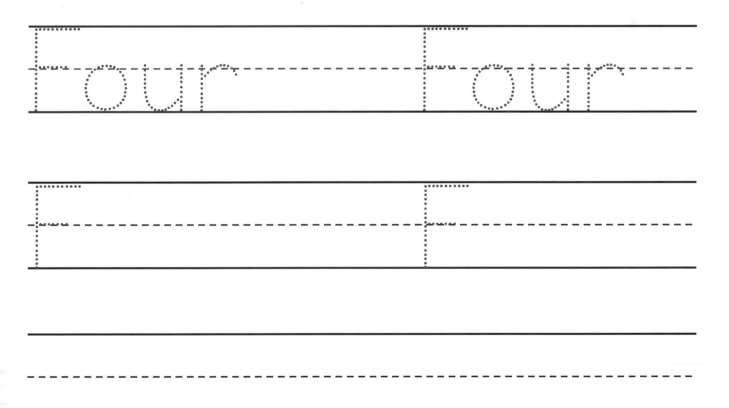

✦ <u>Tracing</u> :

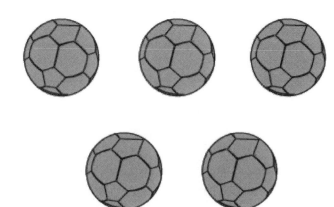

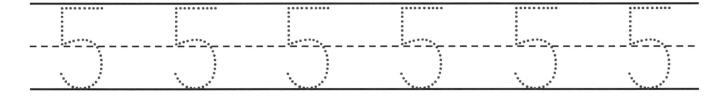

Five

✦ Tracing :

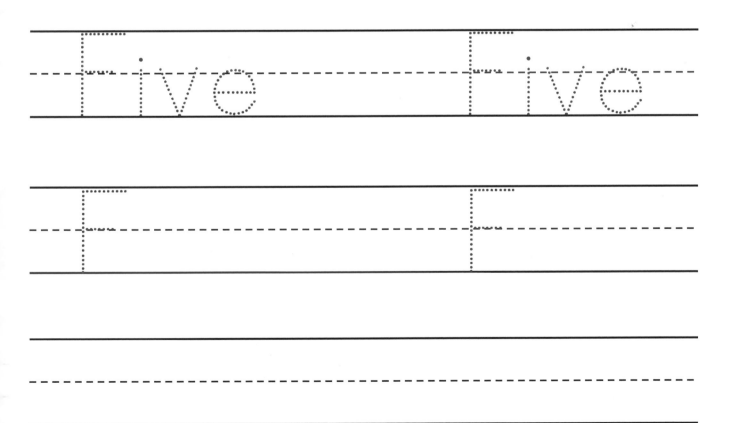

★ <u>Tracing</u> :

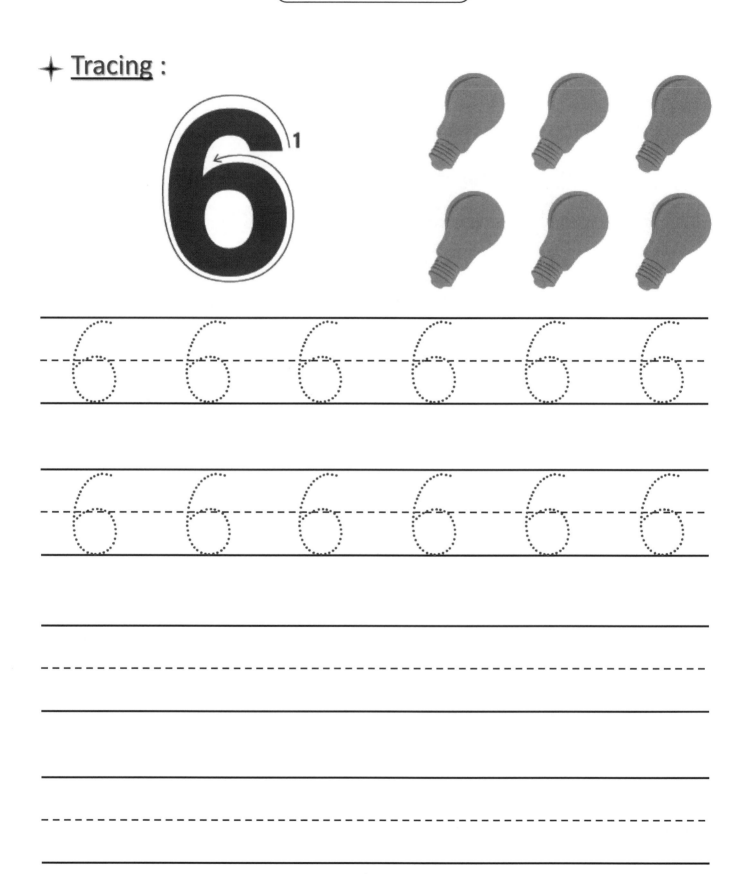

Six

✦ Tracing :

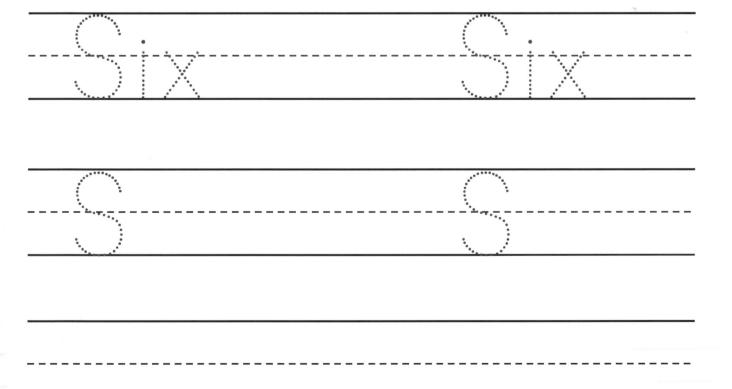

7

✦ <u>Tracing</u> :

✦ <u>Tracing</u> :

Seven

Seven   Seven

S   S

+ <u>Tracing</u> :

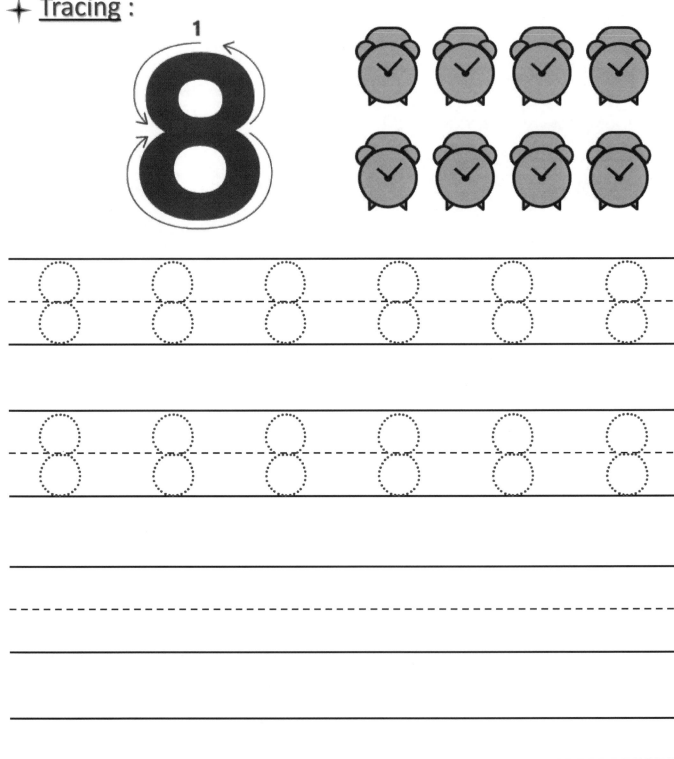

Eight

✦ <u>Tracing :</u>

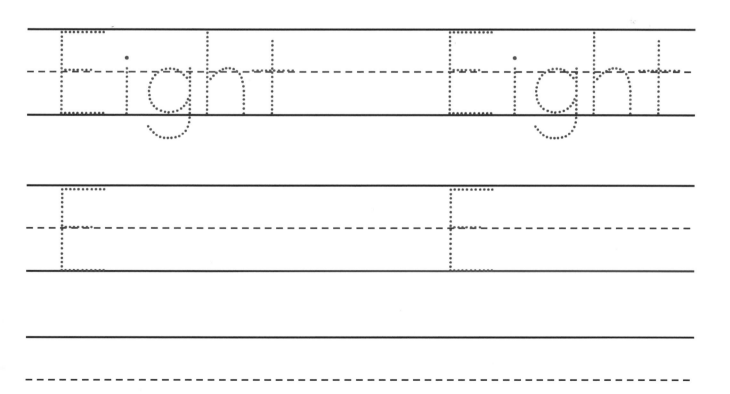

✦ <u>Tracing :</u>

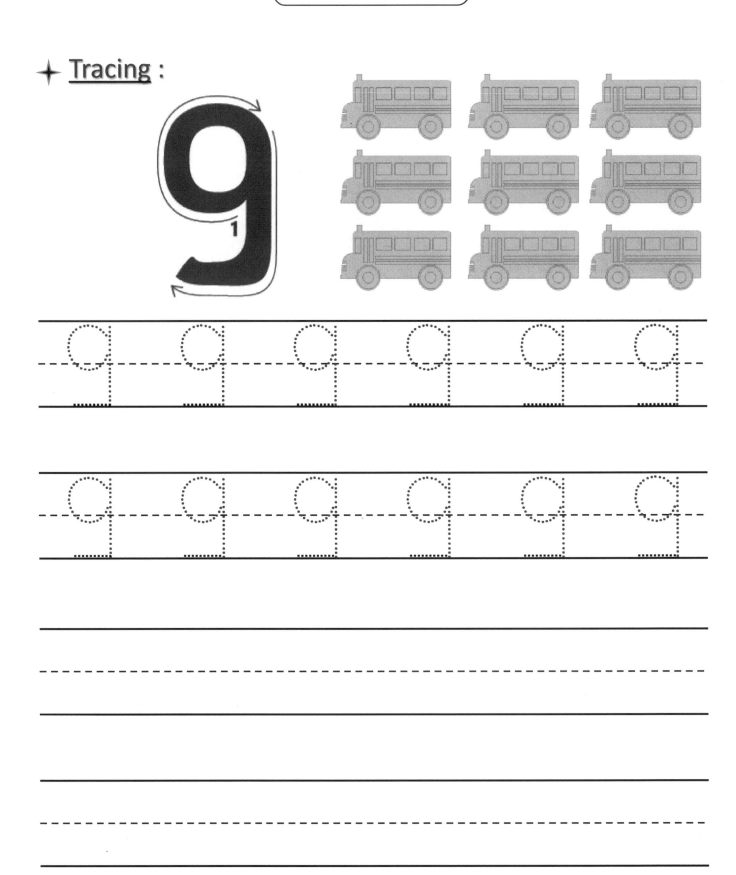

Nine

✦ <u>Tracing :</u>

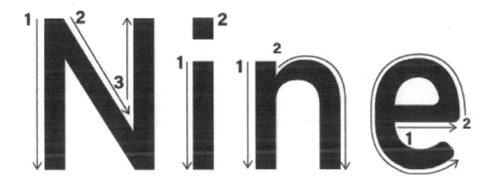

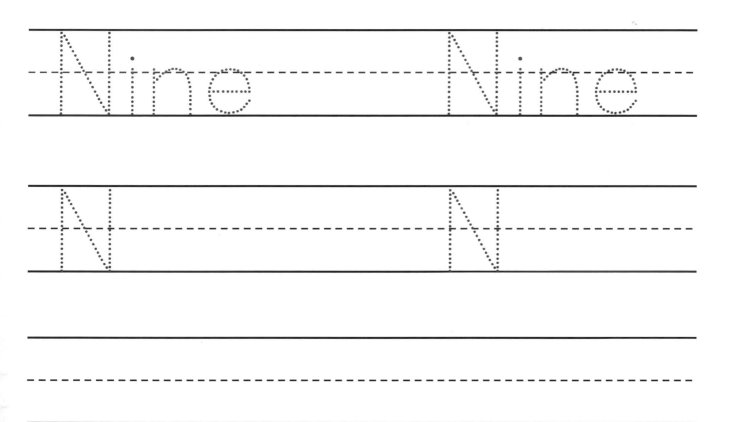

✦ <u>Tracing :</u>

Ten

✦ <u>Tracing</u> :

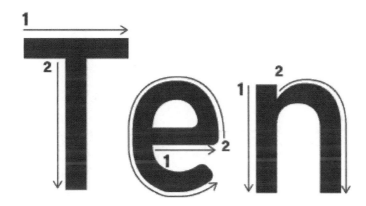

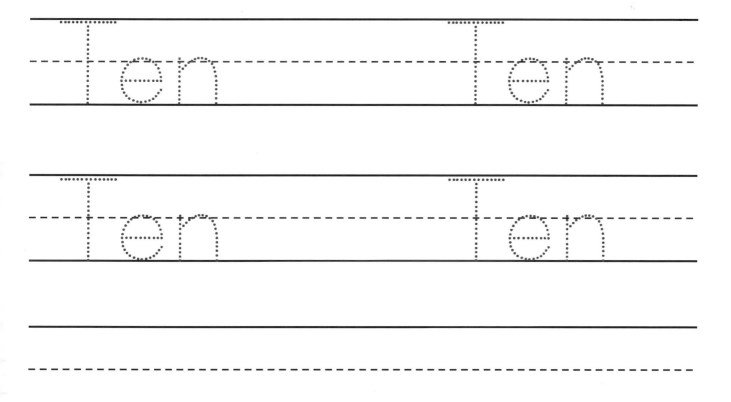

Coloring

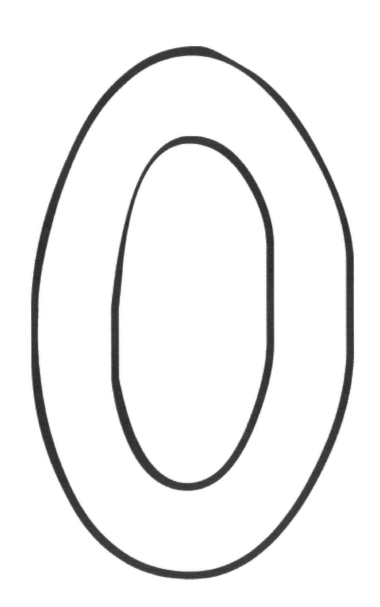

Zero

Two

Three

Coloring

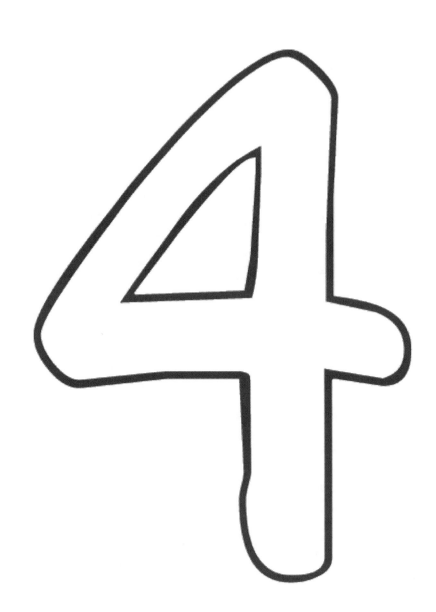

Five

Coloring

Coloring

Seven

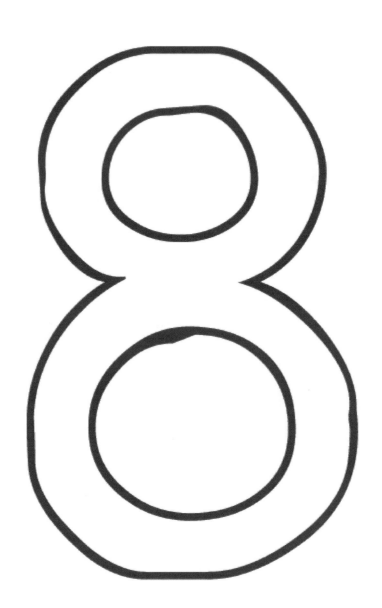

Eight

Nine

Ten

Write each missing number

Write each missing number

Circle the Number

7   4   6

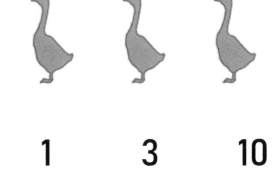

1   3   10

4   2   5

1   0   6

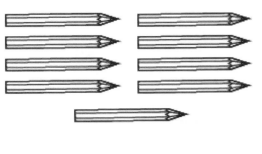

4   9   8

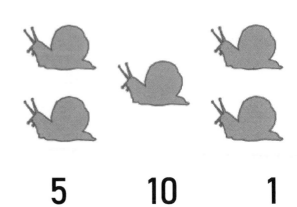

5   10   1

Circle the Number

3   8   5

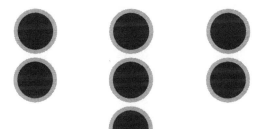

2   1   7

4   8   0

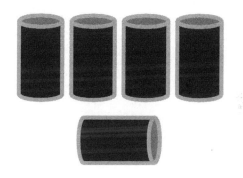

9   4   5

0   3   6

8   5   6

Circle the Number

10   5   4

5   6   7

1   3   0

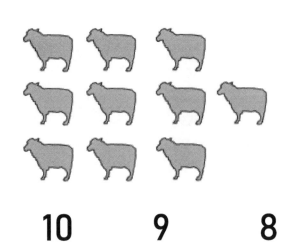

10   9   8

0   2   1

3   4   5

Counting

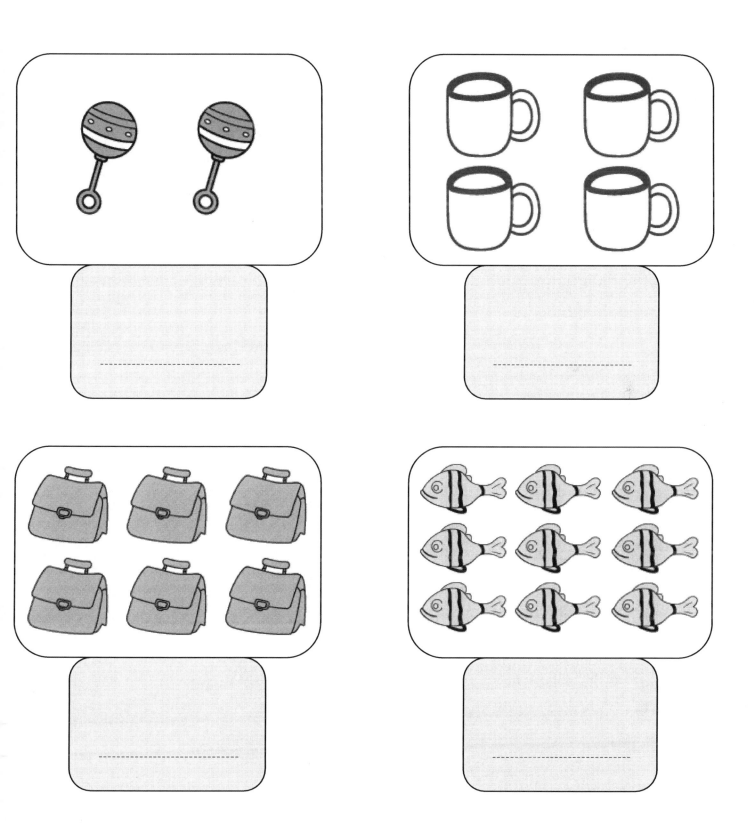

Counting

_____

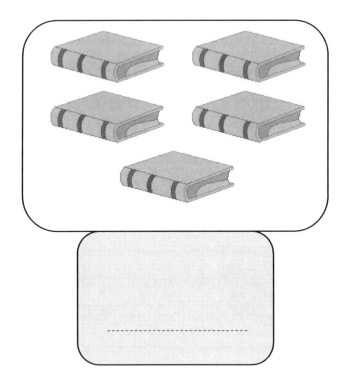

_____

_____

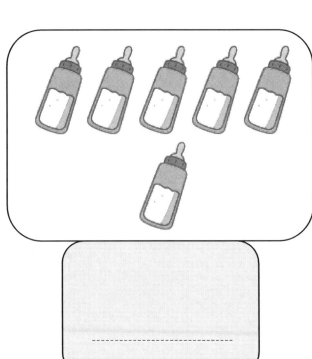

_____

Count and Match

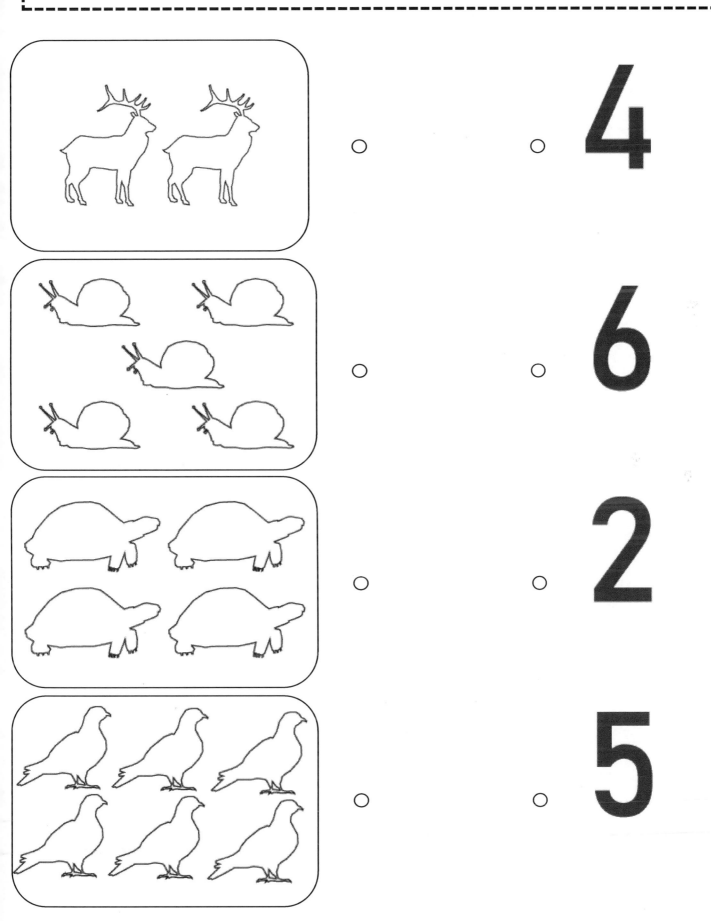

Count and Match

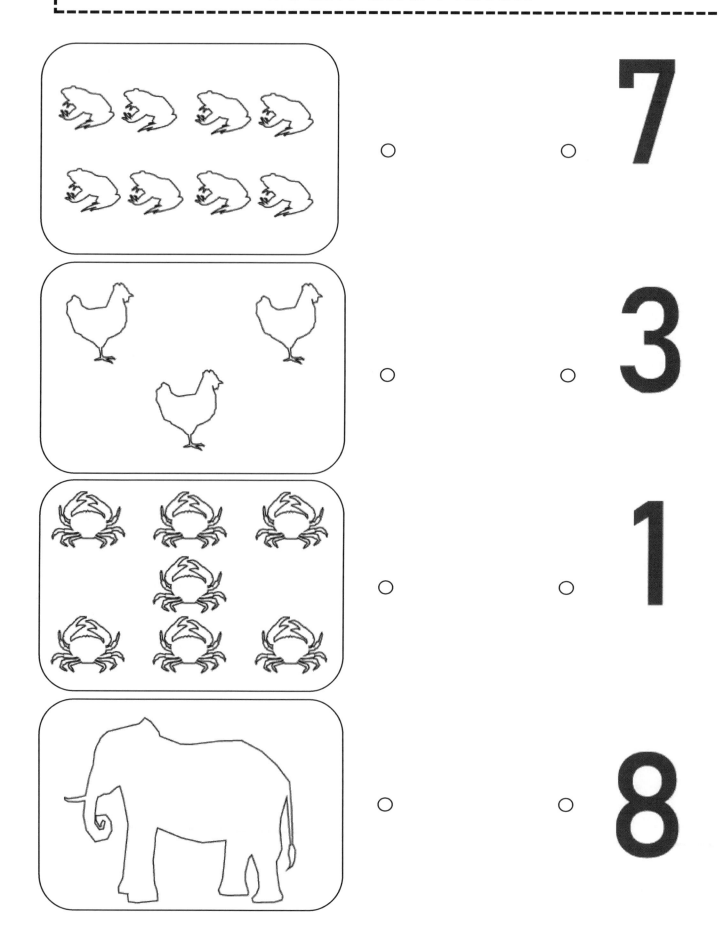

Count and Match

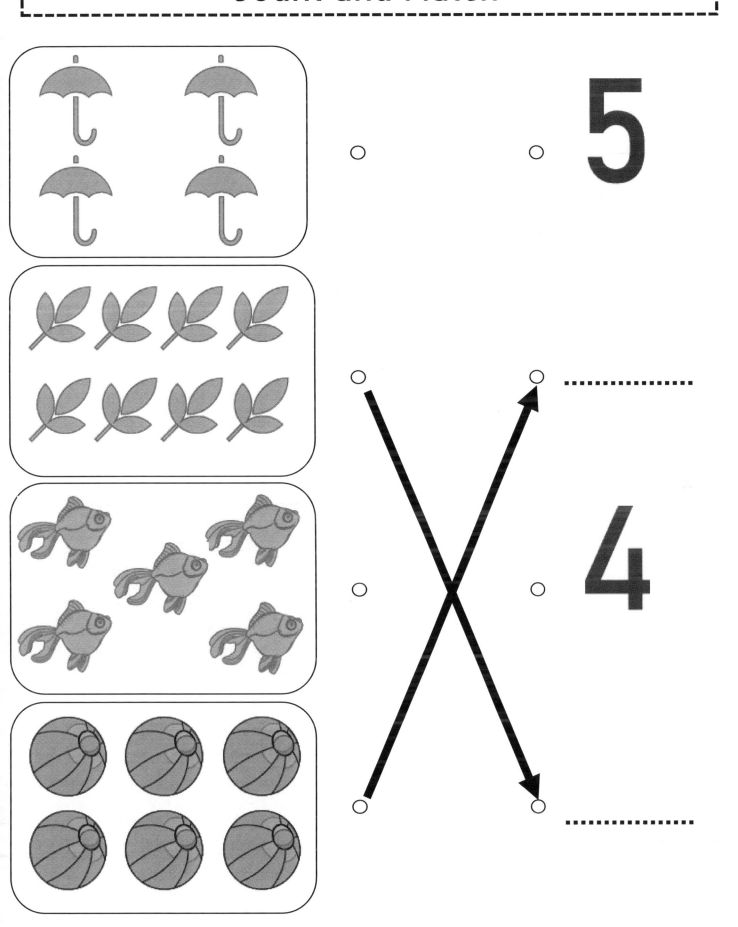

Count and write how many

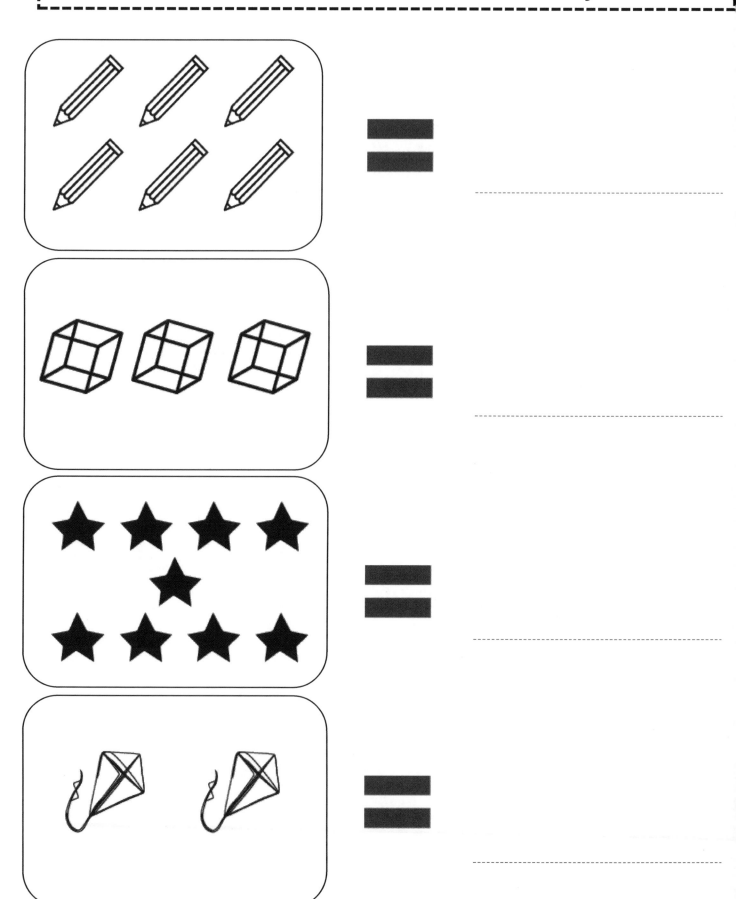

Count and write how many

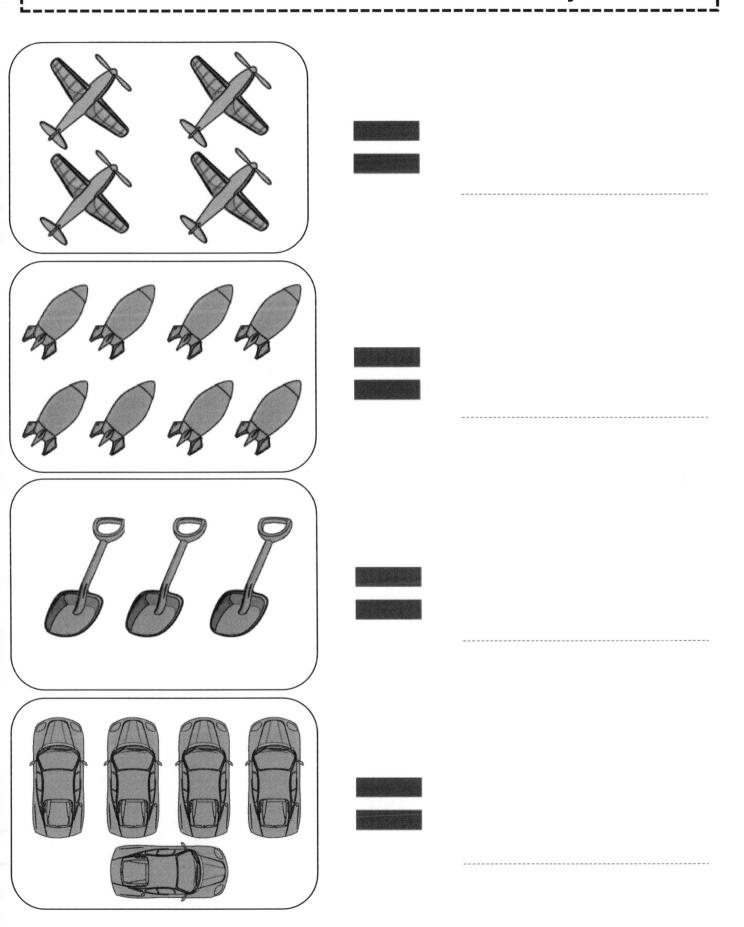

Count and write how many

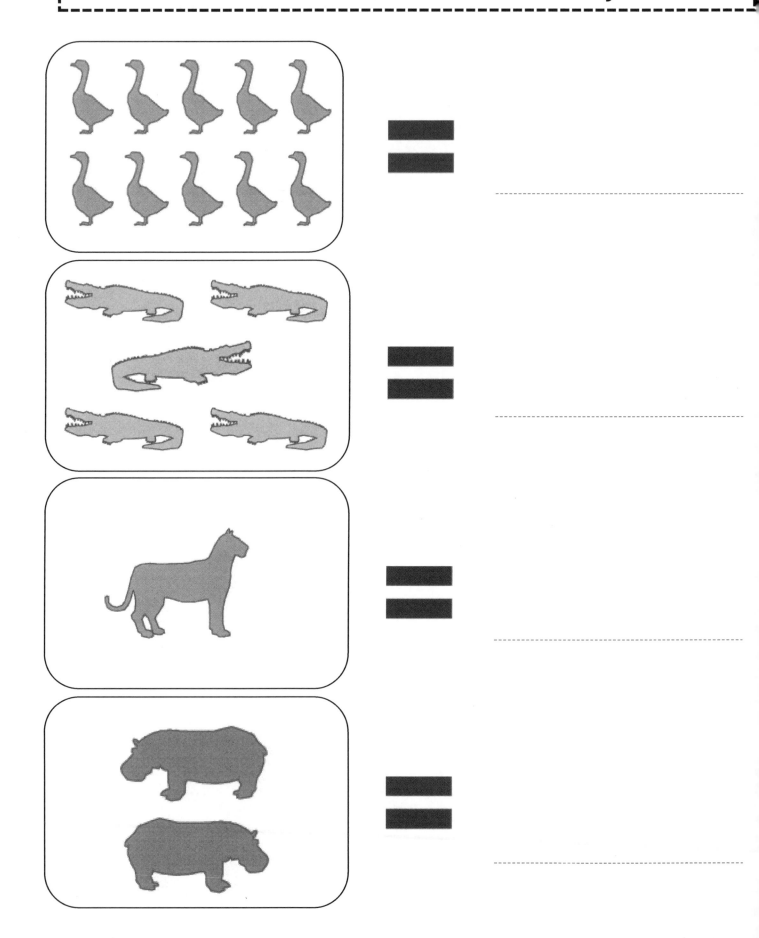

Addition +

=

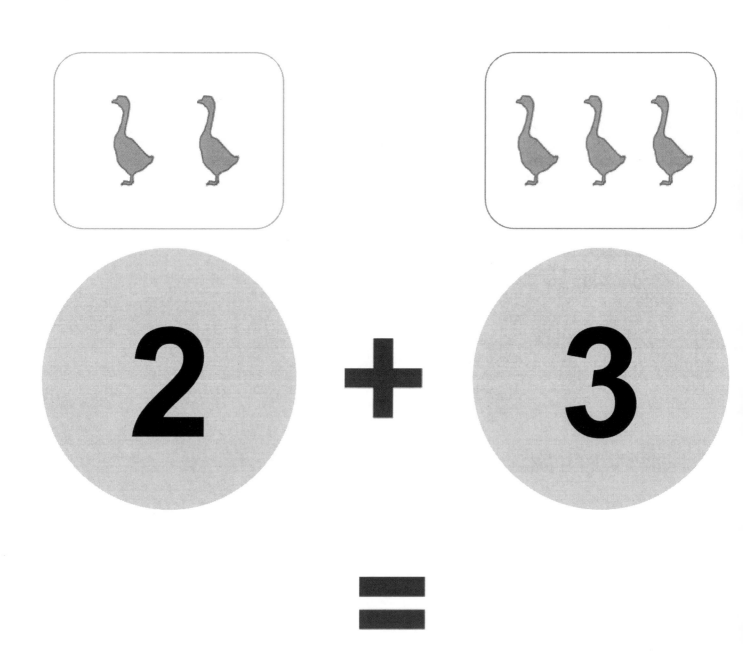

2 + 3 =

Addition +

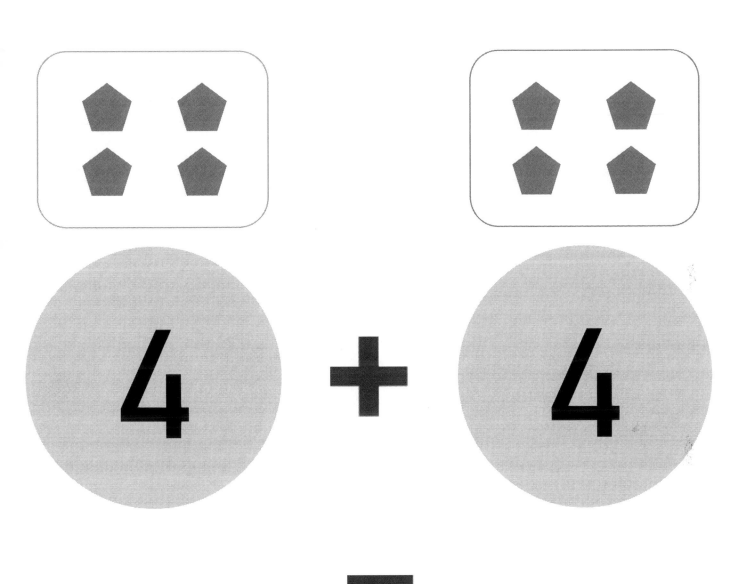

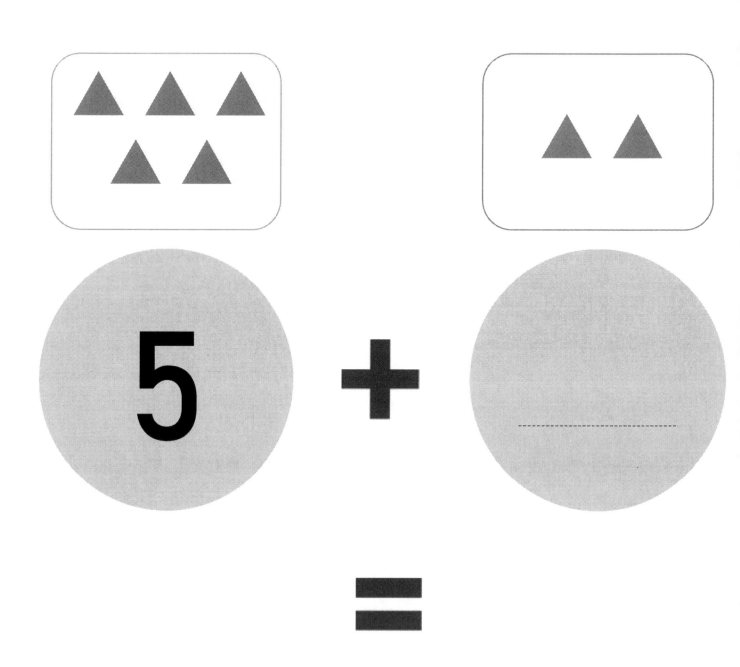

Addition +

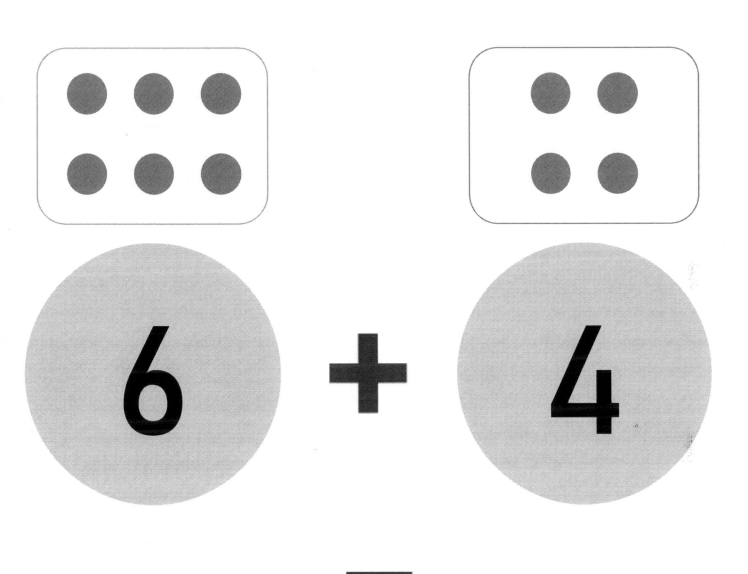

Addition +

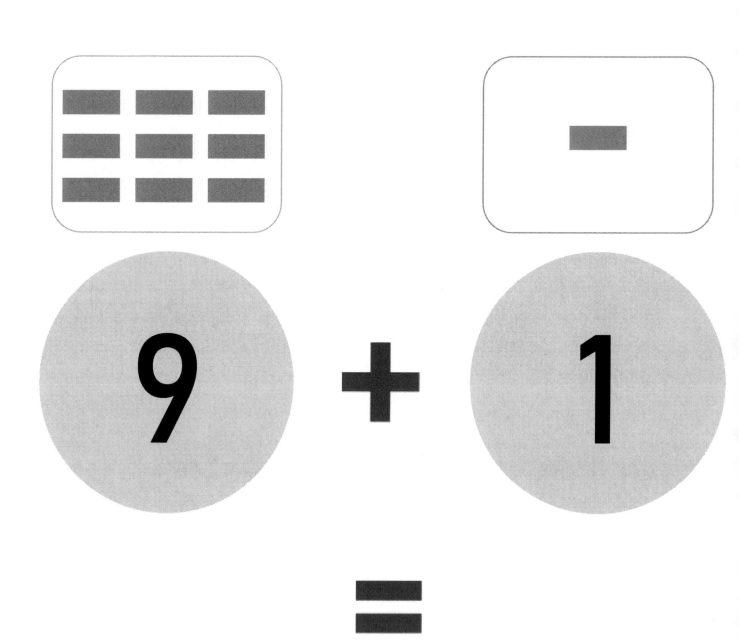

Addition +

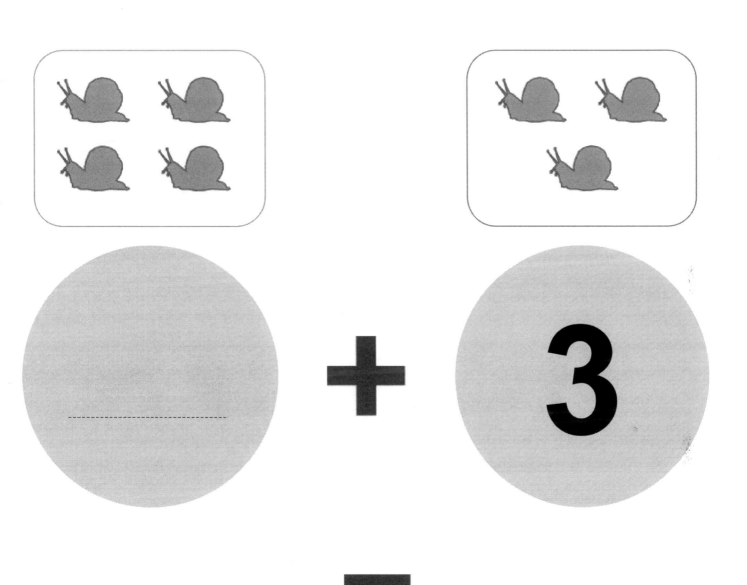

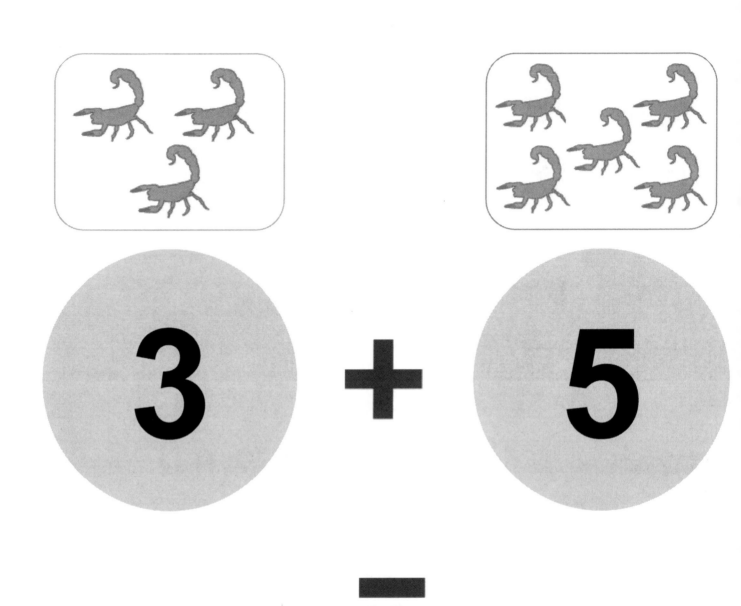

Addition +

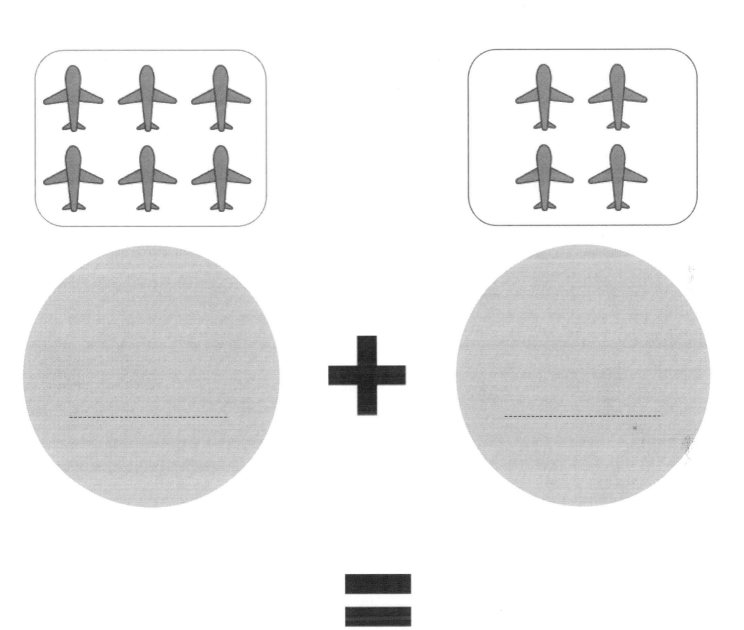

Addition +

3	+	4	=	....
5	+	1	=	....
7	+	2	=	....
1	+	3	=	....
5	+	4	=	....
3	+	0	=	....
9	+	1	=	....
8	+	2	=	....

Addition +

5	+	3	=	....
1	+	9	=	....
2	+	2	=	....
4	+	3	=	....
8	+	1	=	....
6	+	0	=	....
7	+	2	=	....
3	+	5	=	....

Addition +

6	+	....	=	8
3	+	....	=	4
4	+	....	=	7
2	+	....	=	4
1	+	....	=	6
8	+	....	=	9
0	+	....	=	5
9	+	....	=	10

Addition +

4	+	....	=	4
5	+	2	=	....
....	+	5	=	8
9	+	1	=	....
3	+	....	=	5
5	+	4	=	....
....	+	0	=	2
5	+	5	=	....

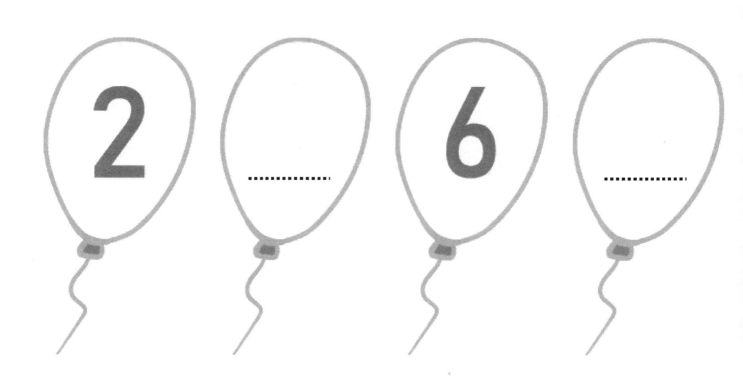

Count by 3's

Subtraction –

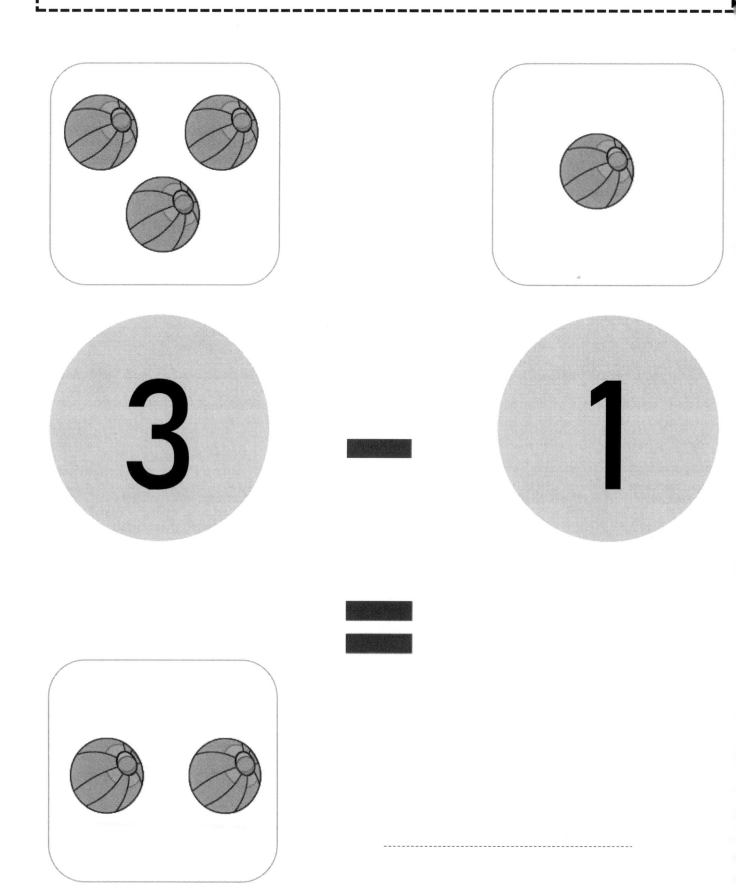

Subtraction –

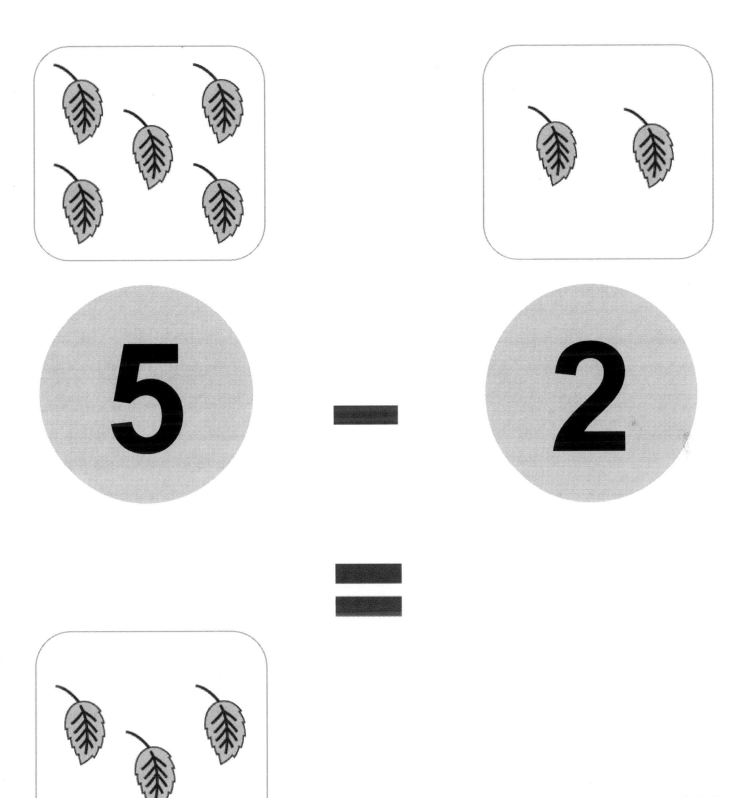

Subtraction –

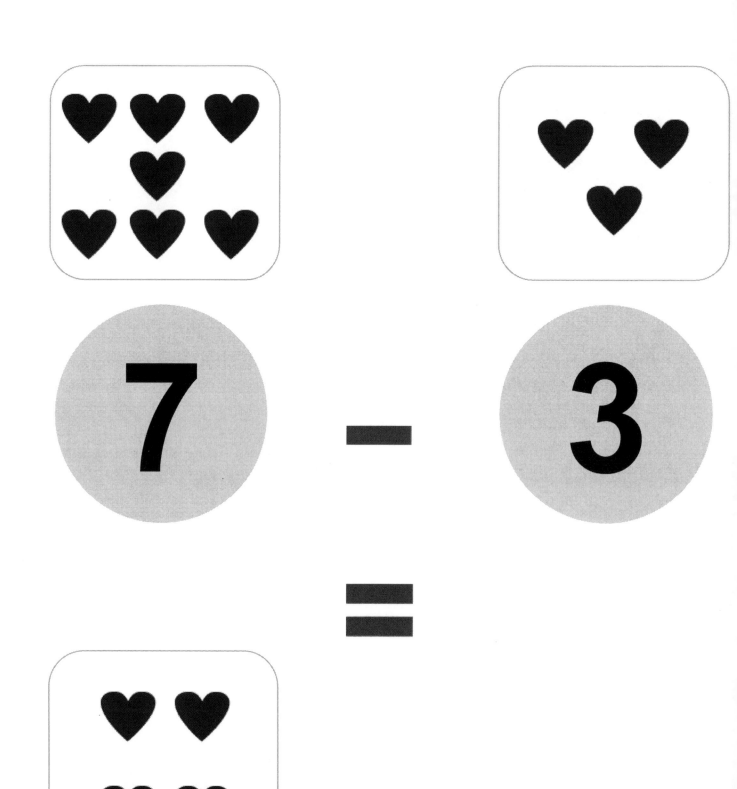

Subtraction -

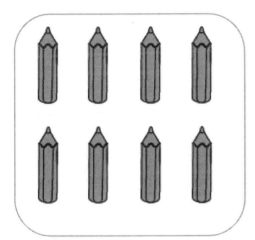

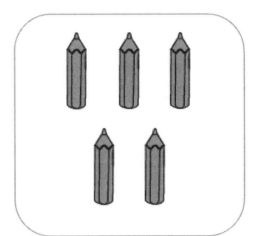

8 - 5 =

....

Subtraction –

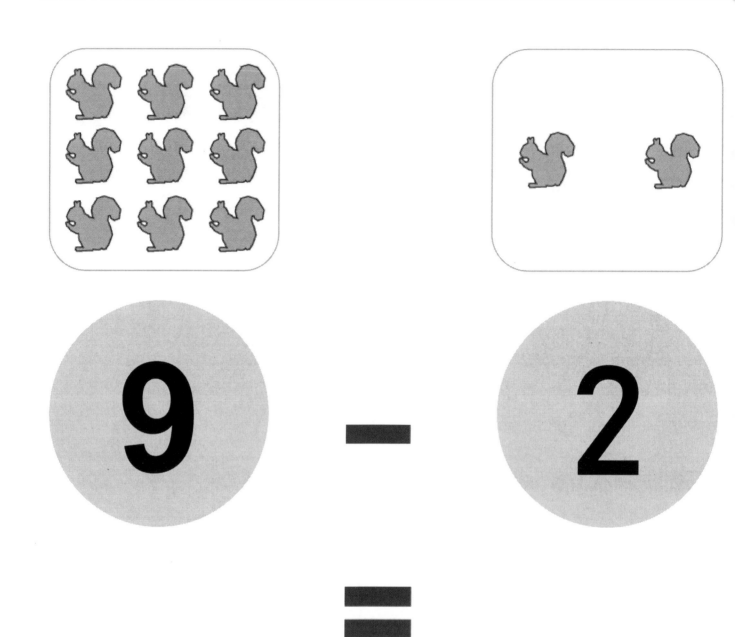

Subtraction –

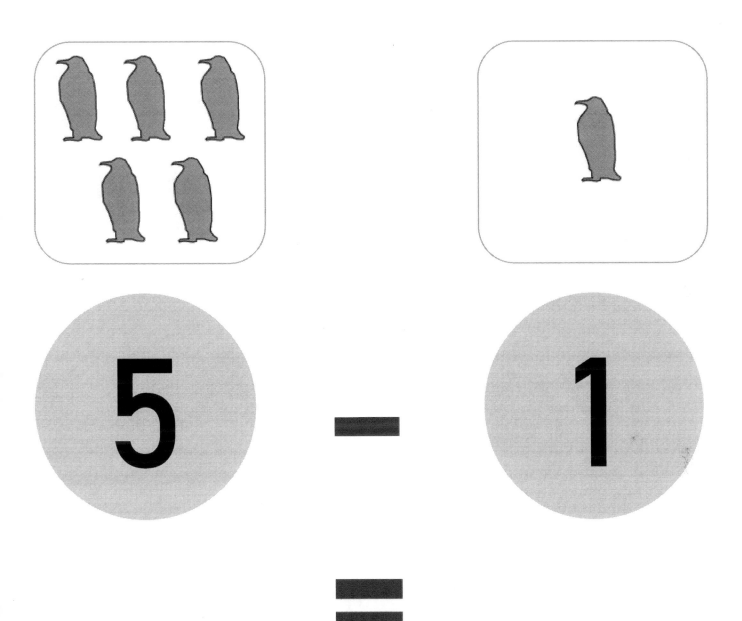

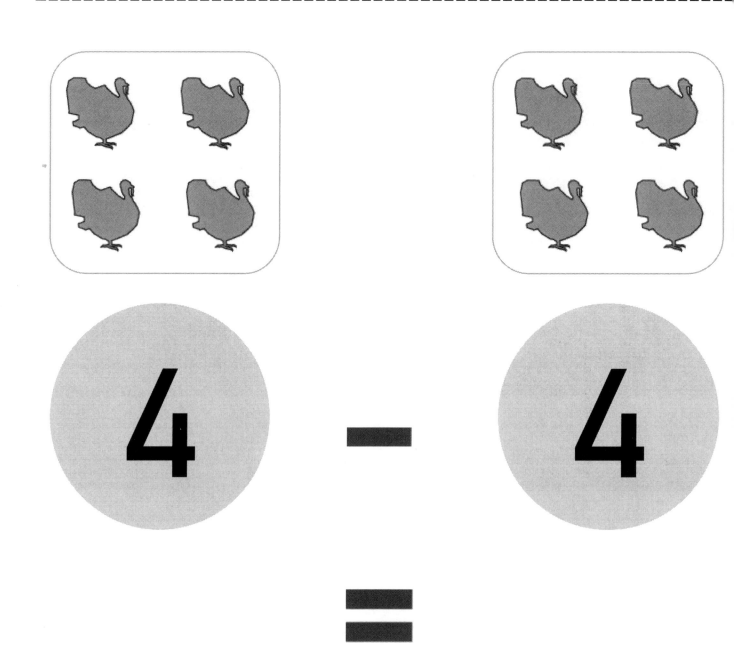

Subtraction –

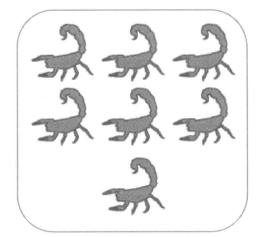

 −  =

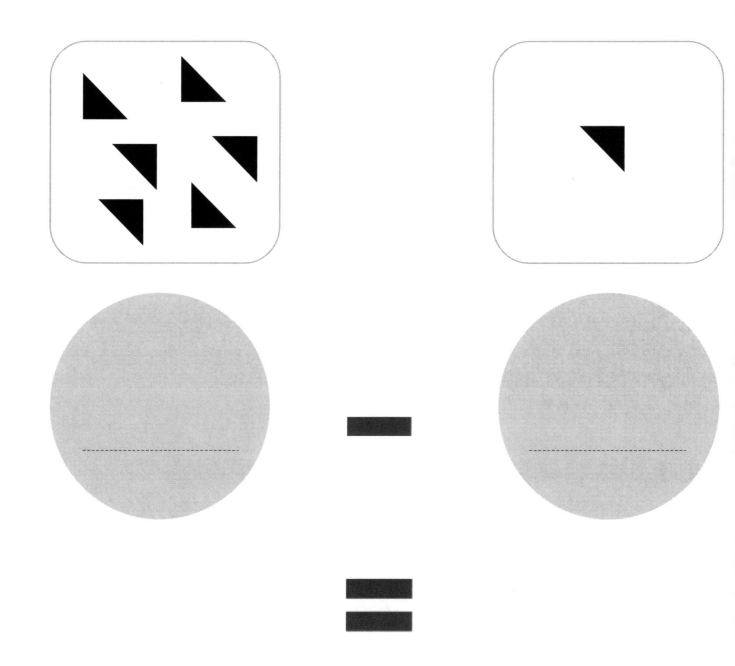

Subtraction -

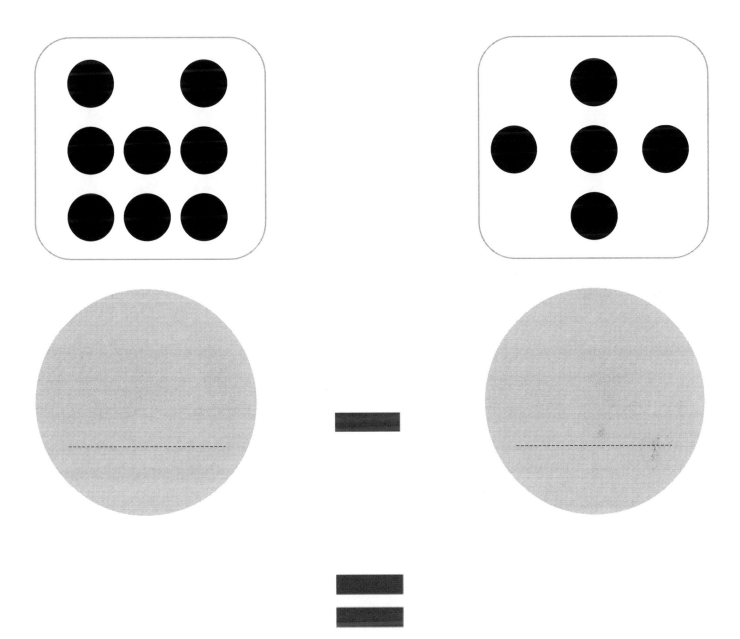

Subtraction –

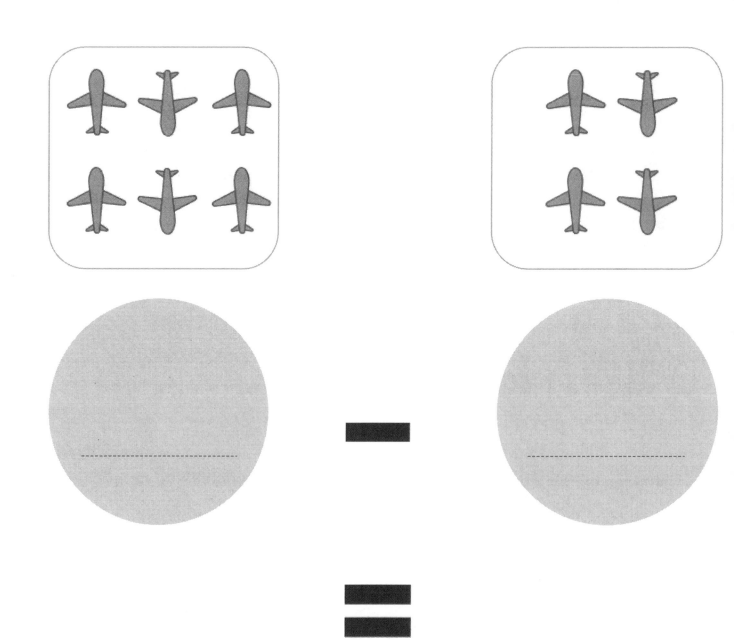

Subtraction -

6	-	5	=	....
4	-	4	=	....
5	-	3	=	....
3	-	1	=	....
8	-	7	=	....
7	-	0	=	....
9	-	2	=	....
1	-	1	=	....

Subtraction –

8	–	3	=	....
6	–	4	=	....
9	–	1	=	....
10	–	8	=	....
5	–	2	=	....
9	–	9	=	....
7	–	3	=	....
4	–	0	=	....

Subtraction –

5	–	....	=	1
....	–	6	=	2
3	–	....	=	0
....	–	4	=	3
7	–	....	=	6
....	–	2	=	4
3	–	....	=	2
....	–	0	=	8

Subtraction –

....	–	4	=	2
7	–	....	=	4
....	–	8	=	2
5	–	....	=	5
....	–	6	=	1
2	–	....	=	0
....	–	4	=	5
8	–	....	=	7

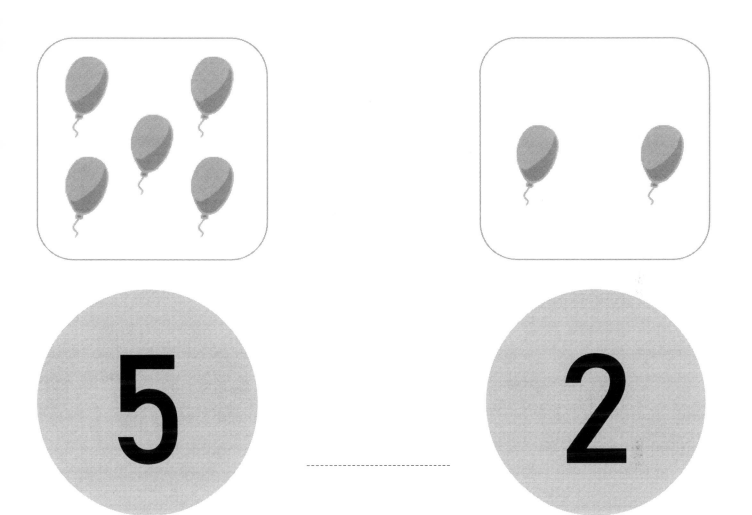

5 _____ 2

=

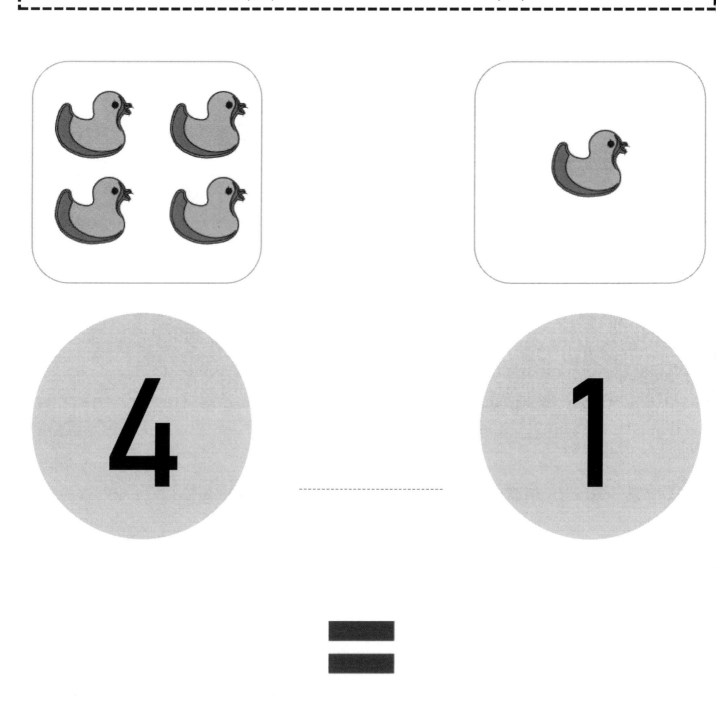

9  4

=

5

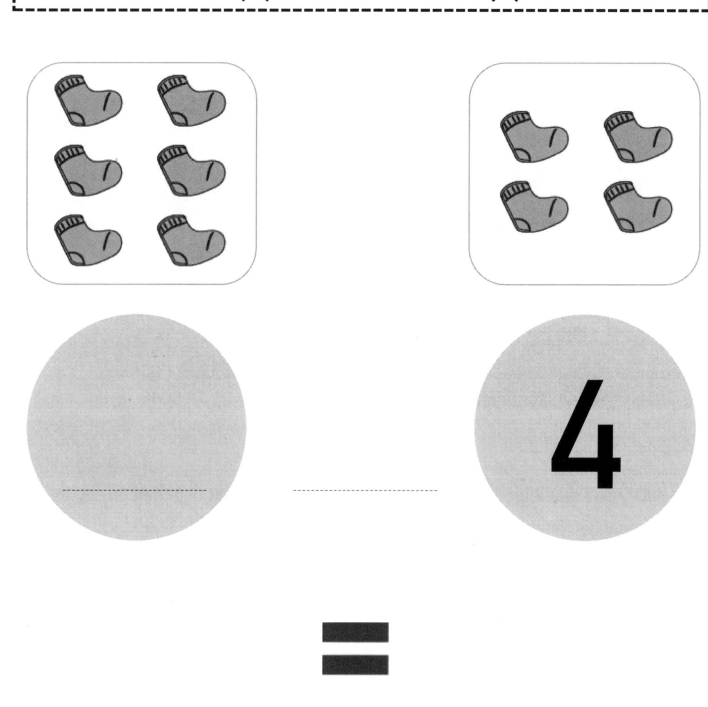

_____   _____   4

=

10

Add (+) Or Subtract (–) ?

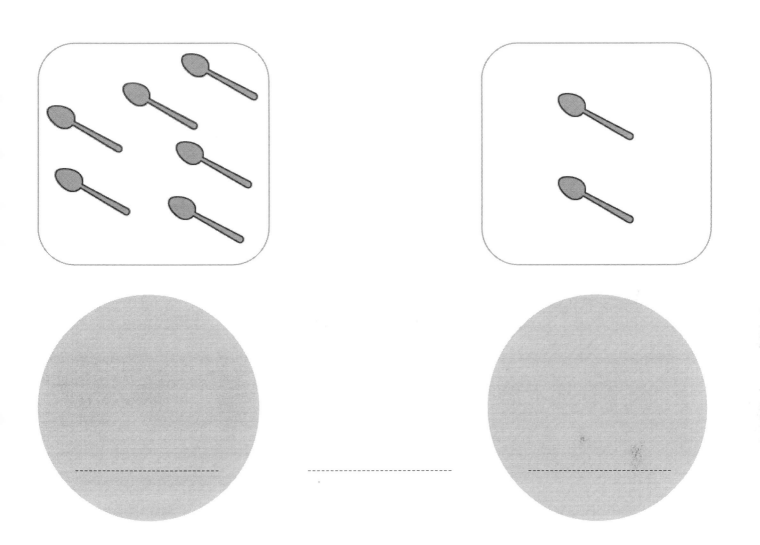

Add (+) Or Subtract (-) ?

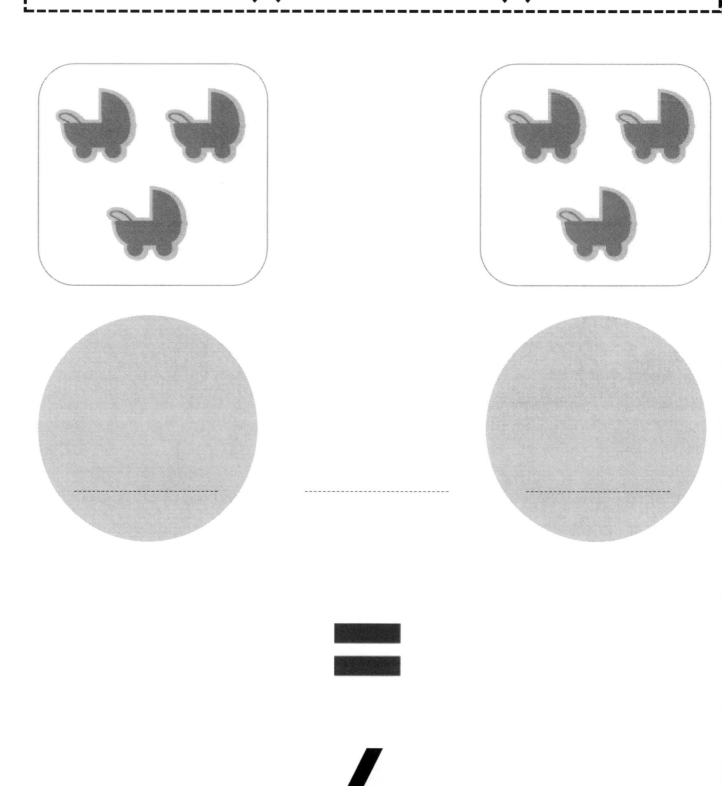

=

6

Add (+) Or Subtract (−) ?

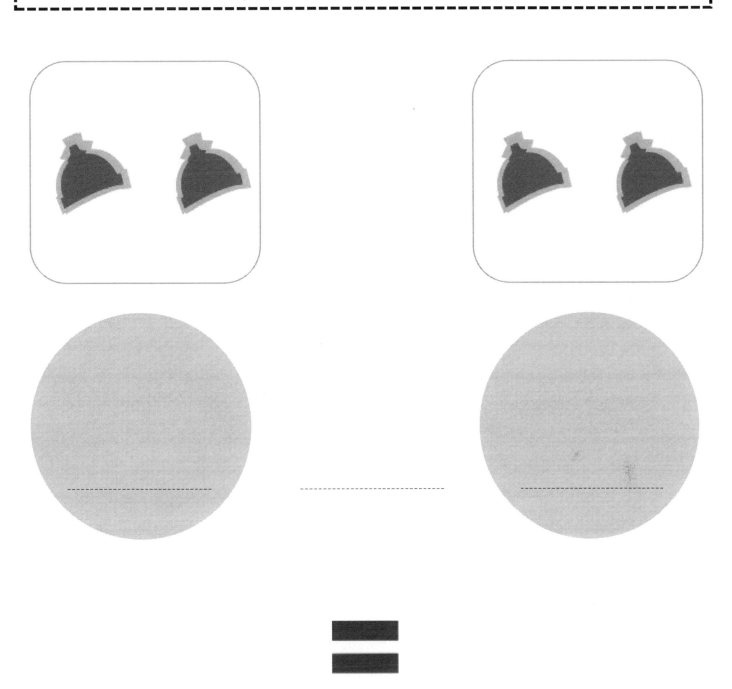

=

0

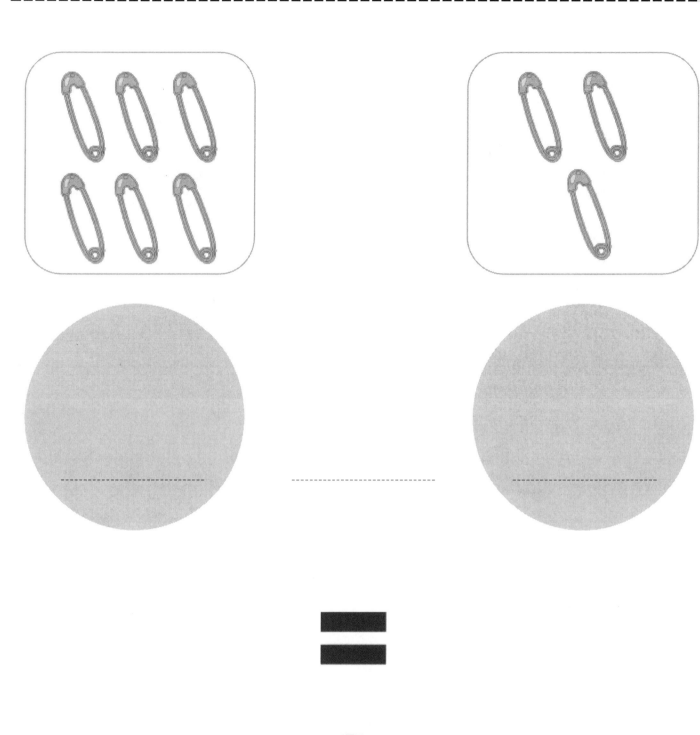

=

3

Add (+) Or Subtract (−) ?

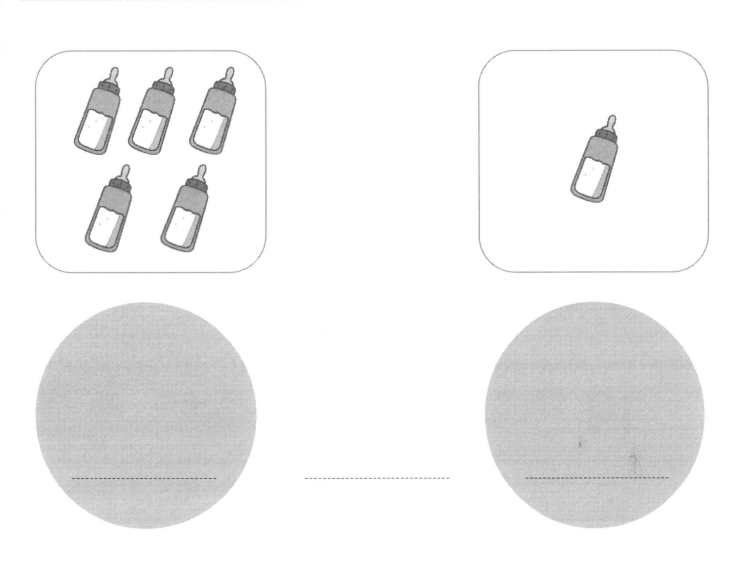

----------------------------   ----------------------------   ----------------------------

6

Fill in the blank

7	-	4	=	....
5	-	5	=	....
4	+	2	=	....
10	-	5	=	....
4	+	6	=	....
3	+	4	=	....
6	-	5	=	....
4	+	0	=	....

Add (+) Or Subtract (−) ?

3	....	4	=	7
1	....	1	=	0
5	....	2	=	3
6	....	3	=	9
8	....	4	=	4
2	....	5	=	7
3	....	1	=	2
10	....	7	=	3

Fill in the blank

....	....	**2**	**=**	**8**
7	....	....	**=**	**6**
....	....	**3**	**=**	**4**
8	....	....	**=**	**5**
....	....	**4**	**=**	**10**
6	....	....	**=**	**9**
....	....	**1**	**=**	**7**
5	....	....	**=**	**0**

If you loved this book, Please consider leaving a review on Amazon. It takes a few minutes, but it would be so much appreciated .

Printed in Great Britain
by Amazon

19633781R00059